REMNANTS OF ANOTHER AGE

ОСТАТОК ОД ДРУГ ВЕК

Дом

Живеев на крајот од градот
како улично светло на кое никој
не му ја менува светилката.
Пајажината ги држеше ѕидовите заедно,
потта нашите споени дланки.
Во преобразбите на невешто соѕданите камења
го криев плишаното мече
спасувајќи го од сонот.

Деноноќно го оживував прагот
враќајќи се како пчела што
секогаш се враќа на претходниот цвет.
Беше мир кога го напуштив домот:

гризнатото јаболко не беше потемнето,
на писмото стоеше марка со стара напуштена куќа.

Кон тивките простори од раѓање се движам
и под мене празнини се лепат
како снег што не знае дали на земјата
или на воздухот припаѓа.

Н. Маџиров

Remnants of Another Age

Poems by
Nikola Madzirov

Translated from the Macedonian by
Peggy and Graham W. Reid,
Magdalena Horvat and Adam Reed

With a Foreword by
Carolyn Forché

BOA Editions, Ltd. ⊸ Rochester, NY ⊶ 2011

For information about permission to reuse any material from this book, please contact
The Permissions Company at www.permissionscompany.com or e-mail permdude@
eclipse.net.

Publications by BOA Editions, Ltd.—a not-for-profit corporation under section 501 (c)
(3) of the United States Internal Revenue Code—are made possible with funds from a
variety of sources, including public funds from the New York State Council on the Arts,
a state agency; the Literature Program of the National Endowment for the Arts; the
County of Monroe, NY; the Lannan Foundation for support of the Lannan Translations
Selection Series; the Sonia Raiziss Giop Charitable Foundation; the Mary S. Mulligan
Charitable Trust; the Rochester Area Community Foundation; the Arts & Cultural
Council for Greater Rochester; the Steeple-Jack Fund; the Ames-Amzalak Memorial
Trust in memory of Henry Ames, Semon Amzalak and Dan Amzalak; and contributions
from many individuals nationwide.

Cover Design: Sandy Knight
Cover Art: "Untitled" by Colleen Buzzard
Interior Design and Composition: Richard Foerster

BOA Logo: Mirko

Library of Congress Cataloging-in-Publication Data

Madzirov, Nikola, 1973-
 Remnants of another age / Nikola Madzirov ; translated by Peggy and Graham W.
Reid, Magdalena Horvat and Adam Reed. — 1st ed.
     p. cm.
 ISBN 978-1-934414-50-7 (alk. paper)
 1. Madzirov, Nikola, 1973—Translations into English. 2. Macedonian
poetry—Translations into English. I. Reid, Peggy (Margaret) II. Reid,
Graham Wightman. III. Title.
 PG1196.23.A27R4613 2011
 891.8'191—dc22
                                              2010029674

BOA Editions, Ltd.
250 North Goodman Street, Suite 306
Rochester, NY 14607
www.boaeditions.org
A. Poulin, Jr., Founder (1938–1996)

NATIONAL
ENDOWMENT
FOR THE ARTS
A great nation
deserves great art.

State of the Arts

NYSCA

CONTENTS

FOREWORD

It was September 2007, and Nikola Madzirov and I we were walking through the old bazaar on the eastern bank of the Vardar in Skopje, on a cloudless late summer afternoon. This was one of our earliest days together, so he led me to the Isa Bey Mosque and the Church of St. Petka, then through the stalls of the trinket sellers, the old Turkish baths and ancient caravanserais, all the while whispering about poetry. We whispered out of respect for these sacred places, but also because we were walking through one of the world's ruined cities, a city that is again a thriving metropolis, but with a curious silence observed at its center even now, a silence that befalls shoppers and bicyclists, lovers, and students when they reach the epicenter of the earthquake that leveled Skopje in 1963. The clock hands on the ruins of the rail station are still stopped at 5:17, the dawn hour when the station collapsed upon hundreds of school children departing for a holiday.

This hushing of voices interested Nikola Madzirov, as did the legibility of the ruins. He is not from Skopje, but from Strumica in the eastern part of the country across the mountains, near the Bulgarian border—but knowledge of the destruction of Skopje ten years before his birth had been imparted to him in childhood. Strumica is, after all, also built on a river, also on a fault line in a region of seismic shifts, geothermal springs, and the violent ruptures expected at the crossroads of Europe and Asian Minor. He was schooled in this remote region of Macedonia, a country bounded by Albania, Greece, Bulgaria, Serbia, and Kosovo, where mountain roads are still torn up from NATO tanks rolling toward Kosovo during the war.

Madzirov's is a voice aware of provisional existence on the periphery of Europe in a land tiled by ancient mosaics still under excavation, aware that he was born in the former Socialist Republic of Yugoslavia, a nation that no longer exists, at the time still under Marshal Tito's rule. As many young Central Europeans would say, tapping to let fall the long ash of their cigarettes: *and so on, and etcetera*. But Madzirov is not given to cynicism or despair, and much less is he interested in simplistic ideological constructs *that* offer a future only, without present or past. His poetics spring from a deeper source: if from Strumica, then when the town was called Astraion, the "starry" place, found in the works of Ptolemy and Pliny, and later, the Strumica of Byzantium and the Ottoman Empire, a place of medieval monasteries and frescoed Orthodox churches, ancient necropoli and third-century Roman baths, with their early saunas and fridigaria. In the old city, magara cups have been unearthed, inscribed with motifs from Homer's *Iliad*, along with plates depicting Artemis and other deities of the hunt. There are also remnants of an early Christian basilica, a feudal tower, and a maiden's well. These are the *Remnants of Another Age*, in the writings of Strumica's twenty-first century poet, along with all else found is these masterful lyric poems: the dog's attitude toward refugees, the moon's view of executions, the credibility of the dead.

Madzirov calls himself "an involuntary descendent of refugees," referring to his family's flight from the Balkan Wars a century ago: his surname derives from *madzir* or *majir*, meaning "people without a home." The idea of shelter and of homelessness, of no-madism, and spiritual transience serves as a palimpsest in these *Remnants*, at times clearly legible through the surface of other apparent subjects: fast centuries, usual wars, and also bloggers and e-mail and the musical scores of Arvo Pärt, coterminous with walls of fortresses and snow-covered basilicas.

"History is the first border I have to cross," he writes, this poet who "inherited an unnumbered house." His brief against history is clear: "They write about the fall / of empires and epochs but not / of the old man who looks at a toy / dug up by a bulldozer." The world remains, despite its fragility: there are "bumblebees / that carry pollen / between two warring states, and the footprints of our childhood / are covered / by the wheel-marks of a cart." Shelters are distant, as are "moments" and "all the houses I am dreaming of / . . . the voice of my mother" and also "reality," and "we ourselves, we are distant."

So Madzirov gives up rootedness and becomes the poet of chance, of fortuitous encounters, of meetings "like a paper boat and / a watermelon that's been cooling in the river." These are what allow for the unfurling of the human soul in its "secret / migration," calling us to the wilds of fleeting existence, where we wait as if "we're waiting for the wind / like two flags on a border." However, the flags aren't waving, nor are the saints silent, and the borders suggest that we need to be as suspended as snow falling, "snow that doesn't know if it belongs / to the earth or to the air." He writes: "Be a dream, a mezzanine, / sesame seeds at the bottom of the package, / a 'deer' sign by the road, an alphabet / known to only two people—" He advises us to be light, homeless, suspended and awake, warning us that the bright-lit cities of our innocence exist only in atlases. We can move through strange towns, he writes, "unnoticed / . . . like a second earthquake that merely / rearranges what is already ru-ined." It is good advice for the twenty-first century, where all is not what it seems—where "the rare bird" is not in the branches, but on "the other side of a banknote," and where we might be mistaken, even in grief, "wailing at the wrong graves."

The voice throughout these poems calls ceaselessly to an other, reassuring that we are already "outside of time," that "Nothing exists outside us" and it is this "nothing" that we must comprehend if we are to inhabit the dwelling of impermanence in corporeal and spiritual joy.

—Carolyn Forché

ОСТАТОК ОД ДРУГ ВЕК

REMNANTS OF ANOTHER AGE

ПО НАС

Еден ден некој ќе ги здипли нашите ќебиња
и ќе ги прати на хемиско чистење
од нив да го истрие последното зрнце сол,
ќе ги отвори нашите писма и ќе ги реди по датуми
наместо по исчитаност.

Еден ден некој ќе го размести мебелот во собата
како шаховски фигури на почеток од нова игра,
ќе ја отвори старата кутија за чевли
во која ги чуваме паднатите копчиња од пижамите,
недотрошените батерии и гладта.

Еден ден ќе ни се врати болката во 'рбетот
од тежината на хотелските клучеви и
сомнежот со кој рецепционерот ни го подава
далечинскиот управувач.

Туѓите сожалувања ќе тргнат по нас
како месечина по заталкано дете.

AFTER US

One day someone will fold our blankets
and send them to the cleaners
to scrub the last grain of salt from them,
will open our letters and sort them out by date
instead of by how often they've been read.

One day someone will rearrange the room's furniture
like chessmen at the start of a new game,
will open the old shoe box
where we hoard pajama-buttons,
not-quite-dead batteries and hunger.

One day the ache will return to our backs
from the weight of hotel room keys
and the receptionist's suspicion
as he hands over the TV remote control.

Others' pity will set out after us
like the moon after some wandering child.

КОГА НЕКОЈ ЗАМИНУВА СÈ ШТО Е СОЗДАДЕНО СЕ ВРАЌА

На Марјан К.

Во прегратката зад аголот ќе препознаеш
дека некој некаде оди. Секогаш е така.
Живеам меѓу две вистини
како неонка што се колеба во
празен ходник. Моето срце собира
сè повеќе луѓе, зашто нив веќе ги нема.
Така е секогаш. Четвртина од будноста
ја трошиме во трепкање. Нештата
ги забораваме уште пред да ги изгубиме -
тетратката по краснопис, на пример.
Ништо не е ново. Седиштето во
автобусот е секогаш топло.
Последните зборови се пренесуваат
како накосени кофи во вообичаен летен пожар.
Утре пак ќе се повтори истото -
лицето пред да исчезне од фотографијата
првин ќе ги изгуби брчките. Кога некој заминува
сè што е создадено се враќа.

WHEN SOMEONE GOES AWAY EVERYTHING THAT'S BEEN DONE COMES BACK

For Marjan K.

In the embrace on the corner you will recognize
someone's going away somewhere. It's always so.
I live between two truths
like a neon light trembling in
an empty hall. My heart collects
more and more people, since they're not here anymore.
It's always so. One fourth of our waking hours
are spent in blinking. We forget
things even before we lose them—
the calligraphy notebook, for instance.
Nothing's ever new. The bus
seat is always warm.
Last words are carried over
like oblique buckets to an ordinary summer fire.
The same will happen all over again tomorrow—
the face, before it vanishes from the photo,
will lose the wrinkles. When someone goes away
everything that's been done comes back.

НЕ ЗНАМ

Далечни се сите куќи што ги сонувам,
далечни се гласовите на мајка ми што на
вечера ме повикува, а јас трчам кон полињата со жито.

Далечни сме ние како топка што го промашува голот
и оди кон небото, живи сме
како термометар кој е точен само тогаш кога
ќе погледнеме кон него.

Далечната стварност секој ден ме испрашува
како непознат патник што ме буди на половина пат
со прашање „Тој ли е автобусот?“,
а јас му велам „Да“, но мислам „Не знам“,
не знам каде се градовите на твоите дедовци
што сакаат да ги напуштат сите откриени болести
и лековите што содржат трпеливост.

Сонувам за куќа на ридот од нашите копнежи,
да гледам како брановите на морето го исцртуваат
кардиограмот на нашите падови и љубови,
како луѓето веруваат за да не потонат
и чекорат за да не бидат заборавени.

Далечни се сите колиби во кои се криевме од дождот
и од болката на срните што умираа пред очите на ловците
кои беа повеќе осамени, отколку гладни.

Далечниот миг секој ден ми поставува прашање
„Тој ли е прозорецот? Тој ли е животот?“, а јас му велам
„Да“, а всушност „Не знам“, не знам кога
птиците ќе прозборат, а да не кажат „Небо“.

I DON'T KNOW

Distant are all the houses I am dreaming of,
distant is the voice of my mother
calling me for dinner, but I run toward the fields of wheat.

We are distant like a ball that misses the goal
and goes toward the sky, we are alive
like a thermometer that is precise only when
we look at it.

The distant reality every day questions me
like an unknown traveler who wakes me up in the middle of the
        journey
saying *Is this the right bus?*,
and I answer *Yes*, but I mean *I don't know*,
I don't know the cities of your grandparents
who want to leave behind all discovered diseases
and cures made of patience.

I dream of a house on the hill of our longings,
to watch how the waves of the sea draw
the cardiogram of our falls and loves,
how people believe so as not to sink
and step so as not to be forgotten.

Distant are all the huts where we hid from the storm
and from the pain of the does dying in front of the eyes of the
        hunters
who were more lonely than hungry.

The distant moment every day asks me
Is this the window? Is this the life? and I say
Yes, but I mean *I don't know*, I don't know if
birds will begin to speak, without uttering *A sky*.

СЕНКИТЕ НÈ ОДМИНУВААТ

Еден ден ќе се сретнеме,
како бротче од хартија и
лубеница што се лади во реката.
Немирот на светот ќе
биде со нас. Со дланките
ќе го помрачиме сонцето и со фенер
ќе се доближуваме.

Еден ден ветрот нема
да го промени правецот.
Брезата ќе испрати лисја
во нашите чевли пред прагот.
Волците ќе тргнат по
нашата невиност.
Пеперутките ќе го остават
својот прав врз нашите образи.

Една старица секое утро
ќе раскажува за нас во чекалната.
И ова што го кажувам е
веќе кажано: го чекаме ветрот
како две знамиња на граничен премин.

Еден ден сите сенки
               ќе нè одминат.

SHADOWS PASS US BY

We'll meet one day,
like a paper boat and
a watermelon that's been cooling in the river.
The anxiety of the world will
be with us. Our palms
will eclipse the sun and we'll
approach each other holding lanterns.

One day, the wind won't
change direction.
The birch will send away leaves
into our shoes on the doorstep.
The wolves will come after
our innocence.
The butterflies will leave
their dust on our cheeks.

An old woman will tell stories
about us in the waiting room every morning.
Even what I'm saying has
been said already: we're waiting for the wind
like two flags on a border.

One day every shadow
                         will pass us by.

СТРЕЛКИ ОД ЧАСОВНИКОТ

Наследи го детството од албумот.
Пренеси ја тишината
што се шири и стеснува како
јато птици во лет.
В дланки зачувај ја
неправилната топка снег
и капките што се спуштаат
по линијата на животот.
Кажи ја молитвата
со склопени усни:
зборовите се семе што паѓа в саксија.

Молкот во утробата се учи.

Обиди се да се родиш
како голема стрелка по полноќ
и секундите веднаш ќе те престигнат.

THE HANDS OF THE CLOCK

Inherit your childhood
from the photo album.
Transfer the silence
that expands and contracts
like a flock of birds in flight.
Hold in your hands
the irregular snowball
and the drops that run
down the line of life.
Say the prayer
through sealed lips—
the words are seeds falling into a flowerpot.

Silence is learned in the womb.

Try to be born
like the big hand after midnight
and the seconds will overtake you at once.

МНОГУ НЕШТА СЕ СЛУЧИЈА

Многу нешта се случија
додека Земјата се вртеше врз
Божјиот прст.

Жиците се ослободија
од далноводите и сега
сврзуваат љубови.
Капките од океанот
нестрпливо се таложеа врз
ѕидовите на пештерите.
Цвеќињата се одделија
од минералите и тргнаа
по мирисот.

Од задниот џеб се разлетаа
ливчиња низ нашата прозрачна соба:
безначајни нешта кои никогаш
не би ги направиле доколку
не ни беа запишани.

MANY THINGS HAPPENED

Many things happened
while the Earth was spinning on
God's finger.

Wires released themselves
from pylons and now
they connect one love to another.
Ocean drops
deposited themselves eagerly
onto cave walls.
Flowers separated
from minerals and set off
following the scent.

From the back pocket pieces of paper
started flying all over our airy room:
irrelevant things which we'd
never do unless
they were written down.

НЕБОТО СЕ ОТВОРА

Наследив неозначена куќа, со
неколку сронети гнезда
и пукнатини на ѕидот како жили
на возбуден љубовник.
Во нив ветерот спие
и зборовите на кондензирани
отсуства. Лето е
и мириса на стапната мајчина душичка.
Монасите ги привршуваат бројаниците,
небото се отвора да направи провев
во нашите души.
Дрвјата се зелени, ние невидливи,
и само така можат да се видат
нашите неродени деца и ноќта
што ги прави ангелите
уште почисти.

THE SKY OPENS

I inherited an unnumbered house
with several ruined nests
and cracks in the walls like the veins
of a lover aroused.
It is here the wind sleeps
and the words of condensed
absences. It's summer
and there's a scent of trampled thyme.
The monks finish telling their beads,
the sky opens to create a current of air
in our souls.
The trees are green, we are invisible,
and only thus can they be seen:
our unborn children and the night
which makes the angels
purer still.

ИЗРЕЧЕНОТО НÈ ПРОГОНУВА

Им дадовме имиња
на дивите растенија
зад недовршените згради,
ги именувавме сите споменици
на нашите поробувачи.
Децата ги крстивме
со љубовните прекари
извлечени од писмата
еднаш прочитани.

Отпосле тајно ги толкувавме потписите
на дното од рецептите
за неизлечиви болести,
со двоглед ги зближувавме дланките
на простување потпрени
врз прозорците.

Зборовите ги оставваме
под камењата со закопани сенки,
на ридот кој го чува ехото
на предците што не се впишани
во семејното стебло.

Она што го кажавме без сведоци
уште долго ќе нè прогонува.

Зимите се намножија во нас
без да бидат спомнати.

WHAT WE HAVE SAID HAUNTS US

We've given names
to the wild plants
behind unfinished buildings,
given names to all the monuments
of our invaders.
We've christened our children
with affectionate nicknames
taken from letters
read only once.

Afterwards in secret we've interpreted
signatures at the foot of prescriptions
for incurable diseases,
with binoculars we've zoomed in
on hands waving farewell
at windows.

We've left words
under stones with buried shadows,
on the hill that guards the echo
of the ancestors whose names are not
in the family tree.

What we have said without witnesses
will long haunt us.

The winters have piled up in us
without ever being mentioned.

ЛЕТАЊЕ

Маглата виси над градот
како сведната глава на Богородица
од далечна фреска.

Сателитските антени разговараат
со ангелите
какво ќе биде времето утре:
бистро, безбедно, значајно
како календар со
црвени датуми.

Но штом ноќта ќе ги спои
сенките со ѕидот,
ти ќе се измолкнеш кон гранките
како ретка птица
од опачина на банкнота.

FLYING

The haze hangs over the city
like the Virgin Mary's bowed head
from a fresco far away.

Satellite dishes talk to
angels
trying to determine tomorrow's weather:
clear, safe, significant
like a calendar with
red dates.

But as soon as the night joins
the shadows to the wall,
you will sneak out towards the branches
like a rare bird
from the other side of a banknote.

КОГА ВРЕМЕТО ЌЕ ПРЕСТАНЕ

Остаток од друг век сме ние.

Затоа не можам за
дом да зборувам, ниту
за смрт и подготвени болки.

Ниту еден див копач досега
ѕидините меѓу нас не ги пронашол,
ниту студот во коските во
остатоците од сите векови.

Кога времето ќе престане, за
вистината ќе поразговараме тогаш
и светулките ќе направат соѕвездие
врз нашите чела.

Ниту еден лажен пророк не
предвидел кршење на чаша, ниту
допир на две дланки - две
големи вистини од кои чиста вода
истекува.

Остаток од друг век сме ние.
Како волци, пред нишанот на вечната вина,
во пејзажите на питомата самост
се повлекуваме.

WHEN TIME CEASES

We are the remnants of another age.

That's why I cannot speak
of home, or death
or preordained pains.

Not one illicit digger so far
has found the walls between us,
or the chill in the bones
in the remnants of all the ages.

When time ceases,
then we'll talk about the truth
and the fireflies will form constellations
on our foreheads.

Not one false prophet
foresaw the shattering of a glass
or the touch of two palms—
two great truths, from which
clear water flows.

We are the remnants of another age.
Like wolves in the sights of eternal guilt
we are withdrawing
into the landscapes of tamed solitude.

СЕНКАТА НА СВЕТОТ НАД СРЦЕТО МИ МИНУВА[1]

Ја немам храброста на преместен камен.
Ќе ме најдеш испружен врз мокра клупа
надвор од сите логори и арени.

Празен сум како ќесе
наполнето со воздух.

Со дланките оддалечени и прстите споени
покрив покажувам.

Мојата отсутност е влог за сите
раскажани истории и смислени недостигања.

Имам срце прободено со ребро.
Низ мојата крв парчиња стакло минуваат
и неколку облаци скриени зад белите зрнца.

Прстенот на мојата дланка нема сопствена сенка
и потсеќа на сонце. Ја немам храброста на
преместена ѕвезда.

---

[1] Лучијан Блага

THE SHADOW OF THE WORLD PASSES OVER MY HEART[1]

I haven't the courage of a relocated stone.
You'll find me stretched on a damp bench
beyond all army camps and arenas.

I'm empty as a plastic bag
filled with air.

With hands parted and fingers joined
I indicate a roof.

My absence is a consequence
of all recounted histories and deliberate longings.

I have a heart pierced by a rib.
Fragments of glass float through my blood
and clouds hidden behind white cells.

The ring on my hand has no shadow of its own
and is reminiscent of the sun. I haven't the courage
of a relocated star.

---

[1] Lucian Blaga

НЕШТА ШТО САКАМЕ ДА ГИ ДОПРЕМЕ

Ништо не постои надвор од нас:

вештачките езера испаруваат
во миговите кога сме жедни
за тишина, кога копривата станува
лековита билка, а градовите им ја враќаат
правта на најблиските гробишта.

Сите црно-бели цвеќиња од тапетите на
домовите што сме ги напуштиле
никнат низ безличните истории
во миговите кога нашите зборови
стануваат непрепишано наследство,
а нештата што сакаме да ги допреме -
нечие присуство.

Како непознат чевел сме
разнесен низ бегствата на кучињата скитници,
се држиме во прегратка
како сплотени кабли низ тулите
на ненаселените куќи.

И веќе одамна ништо не постои
надвор од нас:

понекогаш сонце, светлина или ангел
еден со друг се нарекуваме.

THINGS WE WANT TO TOUCH

Nothing exists outside us:

the reservoirs dry up
just when we thirst
for silence, when nettles
become a healing herb, and the cities
return the dust to the nearest cemetery.

All those black-and-white flowers on the wallpaper
of the homes we've abandoned
blossom among impersonal histories
just when our words
become a nontransferable heritage,
and the things we want to touch
some other person's presence.

We're like a shoe carried off
in a scurry of stray dogs,
we hug each other
like close-twined cables through the hollow bricks
of houses where no one lives.

And it's been like this for a long time now—nothing
exists outside us:

sometimes we call each other
sun, light, angel.

ОТКРИВАЊЕ

Веќе одамна никому не припаѓам
како паричка падната од работ на стара икона.
Расфрлен сум меѓу строгите наследства и завети
зад ролетните на спуштените судбини.
Историјата е првата граница што треба да ја поминам,
го чекам гласот одвоен од созвучјето на послушноста
за мојата далечност што ќе извести.
Како бронзен споменик под плоштадот од ѕвезди сум
врз кој птиците ги вежбаат химните на надеж,
како пердув залепен врз лушпа од јајце се откривам,
за прерано заминување кој раскажува и
новиот живот што го навестува.
Домот секој ден
под шаторот на светот тајно ми се менува,
само детството е како мед
што не допушта туѓи траги во себе.

REVEALING

I haven't belonged to anyone for ages
like a coin fallen from the edge of an old icon.[2]
I am scattered among the strict inheritances and vows
behind the blinds of drawn destinies.
History is the first border I have to cross,
I wait for the voice set apart from the harmony of obedience
that will report how distant I am.
I am like a bronze statue under the city square of stars
above which birds practice their anthems of hope;
I reveal myself like a feather stuck to an eggshell,
which tells of a premature departure and
heralds new life.
Every day my home
secretly changes under the world's tent,
only childhood is like honey
that never lets anything leave a trace in it.

---

[2] It is usual in the Balkans to put a coin at the edge of an icon as a donation.

БЕШЕ ПРОЛЕТ

Беше пролет кога окупаторот ги
запали тапиите од имотот каде ловевме птици,
шарени инсекти, пеперуги што постојат
уште во старите учебници по биологија.

Многу нешта оттогаш го изменија
светот, многу нешта светот измени во нас.

IT WAS SPRING

It was spring when the invader
burned the deeds to the land where we hunted birds,
colorful insects, butterflies
existing only in old biology textbooks.

Many things have changed the world
since then, the world has changed many things in us.

СОВРШЕНОСТА СЕ РАЃА

За пораките на водата низ нашите
тела сакам некој да ми зборува,
за вчерашниот воздух
во телефонските кабини,
за летовите што се откажуваат поради
слаба видливост и покрај сите
невидливи ангели од календарите.
За фенот што плаче по тропските ветрови,
за темјанот кој мириса најубаво додека
исчезнува, сакам некој да ми кажува.

Верувам: кога совршеноста се раѓа,
сите форми и вистини
како лушпа од јајце напукнуваат.

Само воздишката на меките разделби
може да ја скине пајаковата мрежа
и совршеноста на замислените земји
може да го одложи тајното
преселување на душите.

А што правам јас со своето несовршено тело:
одам и се враќам, одам и се враќам,
како пластична сандала врз брановите
на брегот.

PERFECTION IS BORN

I want someone to tell me
about the messages in the water in our bodies,
about yesterday's air
in telephone booths,
about flights postponed because of
poor visibility, despite
all the invisible angels on the calendars.
The fan that weeps for tropical winds,
the incense that smells best
as it vanishes—I want someone to tell me about these things.

I believe that when perfection is born
all forms and truths
crack like eggshells.

Only the sigh of gentle partings
can tear a cobweb apart
and the perfection of imagined lands
can postpone the secret
migration of souls.

And what can I do with my imperfect body:
I go and I return, go and return
like a plastic sandal on the waves
by the shore.

ВРЕМЕТО ГО ОТКРИВАМЕ

Постоиме кога ќе се отворат прозорците
и тајните документи. Правта
ја разнесуваме без да ги спомнеме
мртвите и оние што тие бесмртно ги љубеа.
Пижамите секогаш ги ставаме
на дното од куферот и
чевлите никогаш не ги свртуваме
лице со лице. Писмата еднаш ги читаме,
за да сокриеме некоја тајна.
Со испружени дланки времето го откриваме,
молчиме, молчиме, си шепкаме нешта
помалку важни од прекинат сон
на еднодневна пеперутка.

WE REVEAL THE TIMES

We exist when the windows
and the secret documents are open.
We disperse the dust without mentioning
the dead and those they loved undyingly.
We always pack our pajamas
at the bottom of the suitcase
and our shoes are never turned face to face.
We read our letters once
to hide some secret.
With hands stretched out we reveal the times,
stay silent, silent, whisper things
that matter less than the interrupted dream
of a butterfly that lives only for a day.

БУДЕЊЕ

Во привремената прегратка
за вечност зборувам.
Ветрот ни ги носи молбите на камбаните
меѓу пердувите врз кои ги потпираме
нашите сонливи лица.
Утро е. Влажен воздух минува под
вијадуктите, облаците се разделуваат низ
допир, зградите низ летот на ластовиците,
земјоделците се молат за дождови
што престануваат, дрвјата едновремено
се откажуваат од лисјата и така
небото станува поголемо.

Нежни се твоите дланки ова утро и
нежен е цветот на тврдиот бадем.

Во најблиската црква со векови
се зборува за љубов што
ќе нè надживее.

AWAKENING

In the temporary embrace
I speak of eternity.
The wind brings us the calls of the church bells
among the feathers where we rest
our sleepy heads.
It's morning. Moist air passes
under the viaducts, clouds part
at a touch, buildings at the swallows' flight,
the farmhands pray for rain that stops,
while the trees give up their leaves
and so the sky grows vaster.

Your hands are soft this morning
and soft is the blossom of the hard almond.

In the nearby church
they have spoken for centuries of a love
that will outlive us.

БРЗ Е ВЕКОТ

Брз е векот. Да бев ветер,
ќе ги лупев корите на дрвјата
и фасадите на периферните згради.

Да бев злато, ќе ме криеја во подруми,
во ровлива земја и меѓу скршени играчки,
ќе ме заборавеа татковците, а нивните синови
трајно ќе ме паметеа.

Да бев куче, немаше да ми биде страв
од бегалци, да бев месечина немаше
да се плашам од смртни казни.

Да бев ѕиден часовник
ќе ги криев пукнатините на ѕидот.

Брз е векот. Ги преживуваме слабите земјотреси
гледајќи кон небото, а не кон земјата.
Ги отвораме прозорците за да влезе воздух
од местата каде што никогаш не сме биле.
Војни не постојат, зашто секој ден некој
го ранува нашето срце. Брз е векот.
Побрз од зборот.
Да бев мртов, сите ќе ми веруваа
кога молчам.

FAST IS THE CENTURY

Fast is the century. If I were wind
I would have peeled the bark off the trees
and the facades off the buildings in the outskirts.

If I were gold, I would have been hidden in cellars,
into crumbly earth and among broken toys,
I would have been forgotten by the fathers,
and their sons would remember me forever.

If I were a dog, I wouldn't have been afraid of
refugees, if I were a moon
I wouldn't have been scared of executions.

If I were a wall clock
I would have covered the cracks on the wall.

Fast is the century. We survive the weak earthquakes
watching towards the sky, yet not towards the ground.
We open the windows to let in the air
of the places we have never been.
Wars don't exist,
since someone wounds our heart every day.
Fast is the century.
Faster than the word.
If I were dead, everyone would have believed me
when I kept silent.

САМО ТОА ГО ПОСАКУВАМ

Како пердув мојата душа
меѓу два прозорци патува -
Божјата несигурност е мојата патека,
твоето присуство е мојата несовршеност.
Лисја од циклами и божури
во сезоните на јаболко ти носам,
смола од ранливите дрвја
во дланките неопитно стегам,
плодовите од сите гранки
како деца што сме ги скршиле
ти ги принесувам.
Ти посакувам штитот
со превез од светлина да го замениш;
зад димот од топол чај
отсутноста своја да ја сокриеш
кога целиот свет ќе се излади.
Срцето зад решетките на ребрата
слободно да ти отчукува сакам.
Само тоа го посакувам.

I WANT ONLY THAT

Like a feather my soul
travels between two windows.
God's uncertainty is my path,
your presence is my imperfection.
I bring you petals of cyclamen and peonies
in the apple season,
I squeeze resin from the vulnerable trees
unskillfully into my hands,
I present you with
the fruits of all the branches
we broke as children.
I want you to replace your shield
with a veil of light;
to hide your absence
behind the steam from hot tea
when the whole world cools.
I want your heart to beat
freely behind the bars of your rib cage.
I want only that.

ВИДОВ СОНОВИ

Видов сонови на кои никој не се сеќава
и плачења на погрешни гробови.
Видов прегратки во авион што паѓа
и улици со отворени артерии.
Видов вулкани што спијат подолго
од коренот на семејното стебло
и едно дете кое не се плаши од дождот.
Само мене никој не ме виде,
само мене никој не ме виде.

I SAW DREAMS

I saw dreams that no one remembers
and people wailing at the wrong graves.
I saw embraces in a falling airplane
and streets with open arteries.
I saw volcanoes asleep longer than
the roots of the family tree
and a child who's not afraid of the rain.
Only it was me no one saw,
only it was me no one saw.

ПРИСУТНОСТ

Облечи го скафандерот на ноќта
и пресечи го јаболкото на две без
да ги повредиш семките.
Застани на мирниот мост
и пушти ја сенката да отплови.
Спој ги дланките над главата
како кристална чаша за вино
и очекувај ги првите капки дожд,
беспилотните летала кога ќе си
заминат. Биди сон, меѓукат,
сусам на дно од амбалажа,
знак за елени на патот, азбука
што ја знаат двајца луѓе -
ти и оној што не ти верува.
Биди сама, но не осамена,
за да може да те прегрне небото,
за да можеш да ја прегрнеш осамената земја.

PRESENCE

Put on the space suit of the night
and slice the apple in two
without damaging the seeds.
Stop on the quiet bridge
and let your shadow float away.
Cup your hands above your head
like a crystal wineglass
and wait for the first drops of rain
when the pilotless aircraft depart.
Be a dream, a mezzanine,
sesame seeds at the bottom of the package,
a 'deer' sign by the road, an alphabet
known to only two people—
you and the one who doesn't believe you.
Be alone, but not lonely,
so that the sky can embrace you,
so that you can embrace the lonely earth.

СРУШЕНИ ДОМОВИ

Во корпата за отпадоци видов прамени
од твоето чешлање кога се будеа птиците и светот.
Во огледалото видов поглед и во погледот многу домови и
       неба.
Те видов како одиш кон градовите што ги нема во
       учебниците
по историја и како креветот се разделува на ноќ и ден кога
       те нема,
а денот ете станува ноќ, а ноќта засолниште. Јас немам
       сонце
во моите очи, ниту растенија во испружените дланки.
Ќе ги совијам решетките што ги штитат градините
од ноќните патници. Ќе го покријам денот
со свилената марама од твојот врат,
со мирното знаме од териториите на нашето осведочено
       присуство.
Нашите електронски писма не можат да избледнат,
адресите ни остануваат исти и кога бегаме одовде,
од себе, од широчината на нашата прастара зависност.
Видов како некој друг ги испишува нашите имиња
на ѕидови од тврдини и базилики покриени со снег.
Ја видов и твојата сенка како се качува по моето тело
додека ти слегнуваше по скалите на откриените
       скривалишта
по сите официјални војни.
Оттогаш секое стакло ме заслепува,
секој отфрлен збор ми ги покрива очите со тишина. Видов.
Нашите срушени домови беа преместување на светот,
на сеќавањето, на сеќавањето.

RUINED HOMES

In the wastebasket, I saw locks of hair
you'd brushed while the birds and the world were waking.
In the mirror, I saw a look
and in that look a lot of homes and skies.
I saw you going towards cities nonexistent in history books
and the bed parting itself into night and day while you were
      gone,
the day becoming night, and the night a hiding place.
I don't have a sun
in my eyes, nor plants in my upturned palms.
I will bend the bars that protect gardens
from night travelers. I will cover the day
with the silk scarf from your neck,
with the still flag of the territories that have witnessed our
      presence.
Our e-mail letters cannot fade,
our addresses remain the same even when we run away from
      here,
from ourselves, from the wideness of our ancient dependence.
I saw someone else writing our names
on walls of fortresses and snow-covered basilicas.
I saw your shadow, too, climbing up my body
as you were climbing down the discovered shelters
after all the official wars.
Since then, every piece of glass blinds me,
every rejected word covers my eyes with silence. I saw.
Our ruined homes were a move of the world,
of the memory, of the memory.

РАЗМИСЛУВАЊА ЗА ВРЕМЕТО

Знам дека гласот ми
е подложен на атмосферските влијанија,
дека мојот крик зависи од
територијата на големите освојувачи.
Знам дека во задниот џеб чувам
статија од весник -
временска прогноза
со верба дека ќе се повтори виножитото
како трнлива круна
над ненаселениот рид.
Знам дека милоста се
рони како кора на дрво од кое
старите племиња некогаш
изработувале кораби.

Спокојството е ремен што
ја држи историјата исправена.
Треба да се приседне
и да се види небото во
отворената конзерва
на брегот.

THOUGHTS ON THE WEATHER

I know that my voice
is influenced by atmospheric conditions,
that my cry depends
on the territory of the great invaders.
I know that in my back pocket
I keep a newspaper clipping—
the weather forecast
in the belief that the rainbow will show again
like a crown of thorns
above the uninhabited hill.
I know that compassion peels away
like the bark of a tree
from which ancient tribes
once built their boats.

Calmness is a belt
that holds history upright.
One should sit down for a moment
and see the sky
in an open tin can
on the shore.

СÈ Е МИЛУВАЊЕ

Снегот ги склопуваше крилјата
над ридовите, јас ги склопував дланките
над твоето тело како метро
што се одмотува само по должината
на другите нешта.
Вселената постоеше
за да се родиме на различни места,
татковина да ни биде виножитото
што сврзува две градини
кои не знаат една за друга.
И така времето минуваше:
страв во нас одгледувавме,
восхит кај другите се раѓаше.
Нашите сенки тонеа
во отровните бунари,
кажаните зборови се губеа
и појавуваа како срчи на песочна плажа -
половични и остри.

EVERYTHING IS A CARESS

The snow was folding its wings
over the hills, I was laying my palms
over your body like a tape measure
which unfolds only along the length
of other things.
The universe existed
so that we'd be born in different places,
so that our homeland could be the rainbow
that joins two gardens
which don't know of one another.
And so time went on:
we were raising the fear within us,
while awe was being born in others.
Our shadows were sinking
in poisoned wells,
spoken words were disappearing
and reappearing like shards of glass on a sandy beach—
sharp and shattered.

ШТО ТРЕБА ДА СЕ НАПРАВИ

Да се живее без причина и нужност,
да се прегрнат престапниците
ослободени од љубов,
да се крене свеќата од урнатите гробови
и да се кажат два-три збора
кога ветерот го нема,
да се отвори гламјосаната врата на светот
и со воздушести чекори да се замине.
Да се преболи шестарот на времето
забоден во нашите срца.

WHAT IS TO BE DONE?

To live without reason or necessity,
to embrace the offenders
liberated from love,
to lift the candle from ruined graves
and say a word or two
when there's no wind,
to open the rusty door of the world
and depart with airy footsteps.
To recover from time's dividers
thrust into our own hearts.

ОБИЧНОТО ЛЕТНО ЗАНОЌУВАЊЕ

1.

Така изгледа летното заноќување:
прељубницата излегува на балконот
во свилена ношница трепетот на ѕвездите
што го пропушта, гранче паѓа од клунот на
птицата што заспива пред да го изгради домот,
еден војник го спушта државното знаме
со писмо од мајка му во џебот и
атомските проби во утробата на земјата
тајно ги оживуваат мртвите. Некој во мигот
тивко ги толкува византиските неуми,
друг ги преправа егзодусите на балканските
и граѓански војни во името на универзалните
вистини. Во фабричките дворови
спијат статуите на учесниците во
поништените револуции, врз складните
гробови пластичните цвеќиња ја губат
бојата, а обичните формата,
и ова спокојство на мртвите
од кои сме се простиле,
не е наше.

USUAL SUMMER NIGHTFALL

1.

This is what summer nightfall is like:
the adulteress comes onto the balcony
in a silk nightgown that lets through
the trembling of the stars,
a twig drops from the beak of a bird
that falls asleep before it has built its home,
a soldier lowers the flag of the state
with a letter from his mother in his pocket
and atomic tests in the womb of the earth
secretly revive the dead. At that moment someone
quietly interprets Byzantine neumes,[3]
someone else falsifies the exoduses
of the Balkan and the civil wars
in the name of universal truths.
In the factory yards
the statues of participants
in annulled revolutions sleep,
on the symmetrical graves
plastic flowers lose their color
and ordinary ones their shape,
but this peace of the dead
we have parted from
is not ours.

---

[3] Basic elements of Eastern systems of musical notation prior to the invention of five-line
staff notation.

2.

Во селото со три осветлени прозорци
една бајачка ги предвидува само
оздравувањата, не и заболувањата.
Брановите исфрлаат шишиња
цело море што можат да го впијат во себе,
стрелката од знакот за задолжителен правец
покажува кон Бог,
рибарот откинува парче од небото
фрлајќи ја јадицата кон реката,
сиромашно дете ја бара Малата Мечка
и планетата од која би сакал да потекнува,
пред прагот на убиецот со алиби
еден пердув се обидува да летне.
Така изгледа обичното летно заноќување.
Градот согорува во црвенилото на месечината
и противпожарните скали чиниш водат кон
рајот, дури и тогаш кога сите
се
  симнуваат
            по
                нив.

2.

In the village with three lit windows
a fortune-teller foresees only
recoveries, and not illnesses.
The waves throw up bottles enough
to hold the whole sea,
the arrow on the one-way road sign
points to God,
a fisherman rips off a bit of the sky
as he casts his baited line into the river,
some poor child searches for the Little Bear
and the planet he'd like to come from,
in front of the doorstep of the killer with an alibi
a feather attempts to fly.
This is what usual summer nightfall is like.
The town combusts in the redness of the moon
and the fire brigade ladders seem
to lead to heaven, even then when
everyone
       is climbing
            down
                 them.

НОВИ ЗЕМЈИ

Треба да се истружи ѕидот
врз кој влагата ја исцртала
мапата на новиот свет
и да се нанесат нови разидувања.

Под нив камењата неправилно
да се распоредат како
стапки на човек кој бега од стравувањата.

Треба да се биде
кружно огледало во полуотворена дланка
и да се одразат туѓите прегратки
остри како ножици што се допираат
само кога треба да се пресече нешто.

Треба да се измислат нови земји,
за да може пак да се чекори по водата.

NEW LANDS

One should scrape the wall
over which dampness has drawn
a map of the new world
and new separations should be applied.

Beneath them, the stones should be
rearranged haphazardly, like
the footprints of a man running from his fears.

One should be
a round mirror in a half-open palm
and reflect others' embraces
as sharp as scissor blades which touch each other
only when there's something to be cut.

New lands should be invented,
so one can walk on water once again.

ГРАДОВИТЕ ШТО НЕ НИ ПРИПАЃААТ

Во туѓите градови
мислите спокојно скитаат како гробови
на заборавени циркузанти,
кучињата лаат на контејнерите и
снегулките што паѓаат во нив.

Во туѓите градови неприметни сме
како кристален ангел заклучен во
непроветрена витрина, како втор земјотрес
кој само го разместува веќе уништеното.

TOWNS THAT DON'T BELONG TO US

In strange towns
our thoughts wander calmly
like graves of forgotten circus artists,
dogs bark at dustbins and snowflakes
falling in them.

In strange towns we are unnoticed
like a crystal angel locked in an airless glass case,
like a second earthquake that merely
rearranges what is already ruined.

ОД СЕКОЈА ЛУЗНА НА МОЕТО ТЕЛО

Просјак сум кој нема храброст
од себе да побара милостина.
Врз моите дланки се сечат линиите и
раните од сите неостварени милувања,
неизмерени температури на челото,
диви ископувања на љубовта.

Од секоја лузна на моето тело
по една вистина излегува.

Растам и се снижувам
заедно со денот, бестрашно трчам
кон длабочините на првичноста,
и сѐ околу мене е во движење:
каменот секогаш во дом се претвора,
карпата во зрно песок.

Кога престанувам да дишам,
срцето сѐ посилно се слуша.

FROM EVERY SCAR ON MY BODY

I am a beggar who lacks the courage
to beg charity from himself.
Lines and wounds from all the unfulfilled caresses
intersect on my palms,
from all the unmeasured temperatures on my brow
and the illicit excavations of love.

From every scar on my body
a truth emerges.

I grow and I diminish
together with the day, running fearlessly
towards the depths of origin,
and everything around me is in motion:
the stone becomes a house;
the rock, a grain of sand.

When I stop breathing
my heart beats louder still.

ПРЕД ДА СЕ РОДИМЕ

Улиците беа асфалтирани
пред да се родиме и сите
совездија веќе беа формирани.
Лисјата гниеја
до работ на тротоарот.
Среброто црнееше врз
кожата на работниците.
Нечии коски растеа низ
должината на сонот.

Европа се обединуваше
пред да се родиме и косата
на една девојка спокојно
се ширеше врз површината
на морето.

BEFORE WE WERE BORN

The streets were asphalted
before we were born and all
the constellations were already formed.
The leaves were rotting
on the edge of the pavement,
the silver was tarnishing
on the workers' skin,
someone's bones were growing through
the length of the sleep.

Europe was uniting
before we were born and
a woman's hair was spreading
calmly over the surface
of the sea.

ЕПОХИТЕ НА КОПНЕЖОТ

Стојам притаен
како галеб кој чека рибата да летне.
Патници со исти завети и очекувања
се менуваа на пристаништето,
годините бавно се лизгаа по едрата
како дождовница по лошо нивелирана патека.
Епохите на копнежот завршуваа зад хоризонтот,
во селото на брегот каде една старица ноќе
ги криеше парите во марамата што
некогаш ја покриваше нејзината коса.

ERAS OF LONGING

I stand concealed
like a gull waiting for a fish to fly.
Passengers with the same oaths and expectations
come and go on the harbor wall,
the years slide slowly over the sails
like rainwater on a badly leveled path.
The eras of longing end up beyond the horizon,
in the village on the shore where at night
an old woman hides her coins in a kerchief
that once covered her hair.

ДВЕ МЕСЕЧИНИ

Девојка се огледуваше
во провидните огради на градот.
Две месечини се населуваа во
нејзините очи додека со поглед
ги доближуваше краевите
на истражените светови.
Над неа сенките ткаеја мов врз
покривите на куќите,
под неа ендемските видови умираа
од осаменост.
Од длапката
меѓу нејзиниот колк и ребрата,
светлина секоја ноќ излегуваше.

TWO MOONS

A woman looked at her reflection
in the town's translucent fences.
Two moons settled in her eyes
while her gaze brought together the ends
of worlds already explored.
Above her the shadows wove moss
on the rooftops,
below her endemic species were dying
of loneliness.
From the hollow
between her hip and her rib cage
light streamed out each night.

СВЕТЛИНА И ПРАВ

Во меѓупросторот на
четирите годишни времиња ќе те најдам,
кога децата ги носат на прошетка,
а душите се враќаат назад
како нечисти садови во
работничка менза.

Ние не сме религија
и никој не верува во нашите
свети писма.

Погледите ни се скриваат
во наборите на завесите
туѓи молитви што пропуштаат
и светлина што паѓа.

Ќе се допрат ли нашите ангели
кога ќе се гушнеме
во мракот, дали некој ќе запали свеќа
за да прогласи царство?

Светлина сме од искористено чкорче
што станува прав
кога некој ќе го допре.

LIGHT AND DUST

In the space between
the four seasons I'll find you,
when children are taken out for a walk,
and souls come back
like dirty dishes in
a workers' canteen.

We are not a religion
and nobody believes in our
holy scriptures.

Our looks hide
in the curtains' folds
which let other people's prayers through
and the falling light.

Will our angels touch
when we hug each other
in the dark, will someone light a candle
to proclaim a kingdom?

We are the light of a burnt match
which turns to dust
when touched.

ВРАЌАЊЕ

Ја отворам плашливо вратата
со зраците да исцртам граница
врз килимот.
Ми доаѓа глас да пуштам,
но ехото на ненаместената соба
е побрзо.
Не е моја потта врз кваката
и лишаите на мојот врат
не припаѓаат на овој свет.
Се остварив во неколку
премачкани сеќавања,
мојата душа е утробен палимпсест
на далечна мајка.
Оттука премислата на враќањето
и тивкото крцкање на ментешињата.

Со чекор би го проширил просторот
да ги зачестам зрнцата прав
и влакната што се струполуваат
долу, од светлината
секогаш бели.

RETURNING

I open the door fearfully
to draw a border on the carpet
with the sun rays.
I feel like saying something
but the echo of the unfurnished room
is faster than me.
The sweat on the doorknob is not mine
nor do the lichens on my neck
belong to this world.
I realized myself
in several layers of memories,
my soul is a womb palimpsest
of a distant mother.
Hence the afterthought of returning
and the soft creak of the hinges.

I would expand the space with a step
to multiply the grains of dust
and the hairs that fall down,
always white because of
the light.

НАДВОР ОД ВРЕМЕТО

Во чистината на небото
чекаме да се оцртаат
негативите на нашите души.

Далеку од времето сме ние.

Погледни, зградите веќе спијат
врз исушеното семе
на едногодишните растенија,
леталата ги одмараат
своите опашки врз покривите
на нашите куќи и си одат.

Со години живееме
во заокружените датуми, низ
агендите на студените радости.

Нашите предци одамна
се статуи што ја веднат главата
кон рамето на секој минувач,
но надвор од времето сме ние.
Ја земаме и ја враќаме вечноста, ја земаме
и ја враќаме...

OUTSIDE OF TIME

In the clear expanse of the sky
we wait to see the contours
of our souls' negatives.

We are far away from time.

Look, the buildings are already asleep
on the dried-up seeds
of annual plants,
the kites rest
their tails on the roofs
of our houses, then depart.

We have been living for years
within circled dates, via
agendas of cold joys.

Our ancestors have long been
statues bending their heads
towards the shoulder of each passer-by,
but we are outside of time.
We take eternity and give it back, take it
and give it back . . .

ДЕНОВИ КОГА ТРЕБА ДА СЕ БИДЕ САМ

Вистина е дека градот
изникна како последица на лага
неопходна за луѓето
саксиите и питомите животни.

(така се снабдувам со
потребните оправдувања)

Вистина е дека сите луѓе
излегуваат од зградите
(чиниш земјотрес)
и со вазна во рацете
одат кон ливадите.

Се враќаат трипати потажни
со прашина во дланките
и неколку шумови
како дупки во сеќавањето.

Потоа
пак заедничка тишина.

DAYS WHEN ONE OUGHT TO BE ALONE

It's true the town
sprang up as the consequence of a lie
essential to people,
flowerpots and pets.

(that's how I equip myself
with the necessary justifications)

It's true that all the people
are coming out of all the buildings
(as if there'd been an earthquake)
and with vases in their hands
set out for the meadows.

They return three times sadder
with dust on their hands
and certain sounds
like holes in their memories.

Then
the shared silence again.

ТИШИНА

Не постои тишина во светот.
Монасите неа ја измислиле
секој ден да ги слушаат коњите и
падот на пердувите од крилјата.

SILENCE

There is no silence in the world.
Monks have created it
to hear the horses every day
and feathers falling from wings.

НАЧИН НА ПОСТОЕЊЕ

Премногу падови и вознесувања
не се архивирани во книгите
што се спалуваат во вообичаените војни.
Запишал ли некој дека трошките
фрлени од прозорецот паѓаат побрзо
од снегулките, дека водопадите се само жртви
на своето име? За падот на царствата и епохите
се пишува, не за старецот што ја гледа играчката
откопана од булдожерите.
Семафорот не може да го спречи времето
и нашата несигурност е само начин
на постоење на тајните.
Стравот постои во далечините, кога саѓите
се одделуваат од искрите одејќи
кон небото, но никој досега не напишал
трактат за чадот од свеќата
во ноќ што се претопува, ниту за капките восок
што ни се стврднуваат врз чевлите:
сите за пламенот зборуваат
што ги осветлува нашите лица.

A WAY OF EXISTING

Too many rises and falls
are not recorded in the books
that are burned in usual wars.
Has anyone written that crumbs
thrown from a window fall faster
than snowflakes, that waterfalls are merely
victims of their name? They write of the fall
of empires and epochs but not
of the old man who looks at a toy
dug up by a bulldozer.
Traffic lights cannot stop time
and our uncertainty is just
a way of existence for secrets.
Fear exists in the distance
when soot splits off
from the sparks flying skyward,
but no one so far has written
a tractate on the candles' smoke
that melts into night
or on the drops of wax
that harden on our shoes;
everyone speaks of the flame
that illuminates our faces.

БЕЗВОЛНО ОСВОЈУВАЊЕ НА ПРОСТОРОТ

Кога ќе се оддалечиме
составот на воздухот ќе се измени,
тагата нечујно ќе се спушти
по надворешноста на олуците
како сенка на уплашен гуштер.
Секое будење надвор од постелата
ќе биде осудено,
секое полнење и празнење на градите
ќе стане безволно освојување на просторот.
Блискоста ќе ни избега од дланките како капка
од телото на тукушто уловена риба.

Со допир кога се помрачуваат сонцето и месечината,
тие пак се оддалечени, и сѐ
станува ноќ, лажно заспивање на лисјата,
сенките, дивите животни.

AN INVOLUNTARY CONQUEST OF SPACE

When we grow apart
the contents of the air will change,
sorrow will descend unheard
on the outer sides of waterspouts
like the shadow of a frightened lizard.
Every waking outside of our bed
will be condemned,
every filling and emptying of the chest
will become an involuntary conquest of space.
Closeness will escape our hands like a drop
from the body of a fish just caught.

When the sun and moon eclipse with a touch,
they are still apart, and everything
becomes night, a false falling asleep of the leaves,
the shadows, the wild animals.

ОНОЈ ШТО ПИШУВА

Ти пишуваш. За нештата кои веќе постојат.
А велат дека измислуваш.

Молчиш. Како потопена мрежа
на рибокрадци. Како ангел
кој знае што ќе се случи со ноќта.

И патуваш. Забораваш,
за да се вратиш.

Ти пишуваш и не сакаш да се сеќаваш
на каменот, на морето, на верниците
што спијат со раздвоени дланки.

THE ONE WHO WRITES

You write. About the things that already exist.
And they say you fantasize.

You keep quiet. Like the sunken nets
of poachers. Like an angel
who knows what the night may bring.

And you travel. You forget,
so that you can come back.

You write and you don't want to remember
the stone, the sea, the believers
sleeping with their hands apart.

ДОМ

Живеев на крајот од градот
како улично светло на кое никој
не му ја менува светилката.
Пајажината ги држеше ѕидовите заедно,
потта нашите споени дланки.
Во преобразбите на невешто соѕиданите камења
го криев плишаното мече
спасувајќи го од сонот.

Деноноќно го оживував прагот
враќајќи се како пчела што
секогаш се враќа на претходниот цвет.
Беше мир кога го напуштив домот:

гризнатото јаболко не беше потемнето,
на писмото стоеше марка со стара напуштена куќа.

Кон тивките простори од раѓање се движам
и под мене празнини се лепат
како снег што не знае дали на земјата
или на воздухот припаѓа.

ME

I lived at the edge of the town
like a street lamp whose light bulb
no one ever replaces.
Cobwebs held the walls together,
and sweat our clasped hands.
I hid my teddy bear
in holes in crudely built stone walls
saving him from dreams.

Day and night I made the threshold come alive
returning like a bee that
always returns to the previous flower.
It was a time of peace when I left home:

the bitten apple was not bruised,
on the letter a stamp with an old abandoned house.

From birth I've migrated to quiet places
and voids have clung beneath me
like snow that doesn't know if it belongs
to the earth or to the air.

ОДВОЕН

Се одвоив од секоја вистина за почетоците
на стеблата, реките и градовите.
Имам име што ќе биде улица на разделби
и срце што се појавува на рендгенски снимки.
Се одвоив и од тебе, мајко на сите неба
и куќи на безгрижноста.
Сега крвта ми е бегалец што припаѓа
на неколку души и отворени рани.
Мојот бог живее во фосфор од чкорче,
во пепелта што го чува обликот на пресеченото дрво.
Не ми треба мапата на светот кога заспивам.
Сега сенка од класје жито ја покрива мојата надеж,
и мојот збор е вреден
како стар семеен часовник што не го мери времето.
Се одвоив од себе, за да стасам до твојата кожа
што мириса на мед и ветер, до твоето име
што значи немир што ме успокојува,
што ги отвора портите на градовите во кои спијам,
а не живеам. Се одвоив од воздухот, од водата, од огнот.
Земјата од која сум создаден
е вградена во мојот дом.

SEPARATED

I separated myself from each truth about the beginnings
of rivers, trees, and cities.
I have a name that will be a street of goodbyes
and a heart that appears on X-ray films.
I separated myself even from you, mother of all skies
and carefree houses.
Now my blood is a refugee that belongs
to several souls and open wounds.
My god lives in the phosphorus of a match,
in the ashes holding the shape of the firewood.
I don't need a map of the world when I fall asleep.
Now the shadow of a stalk of wheat covers my hope,
and my word is as valuable
as an old family watch that doesn't keep time.
I separated from myself, to arrive at your skin
smelling of honey and wind, at your name
signifying restlessness that calms me down,
opening the doors to the cities in which I sleep,
but don't live.
I separated myself from the air, the water, the fire.
The earth I was made from
is built into my home.

ACKNOWLEDGMENTS

Many thanks to the editors of the following publications where these poems first appeared in the United States:

American Poetry Review, Poetry International, American Literary Review, West Branch, Borderlands, Visions International, and *In Our Own Words—A Generation Defining Itself.*

I am deeply thankful to the editors of BOA Editions and to Carolyn Forché, Adam Zagajewski, Tomaz Salamun, Li-Young Lee, Blue Flower Arts, Iowa's International Writing Program (IWP), and Words Without Borders.

ABOUT THE AUTHOR

Nikola Madzirov (poet, essayist, translator) is one of the most powerful voices of the new European poetry. He was born into a family of Balkan Wars refugees in 1973 in Strumica, R. Macedonia. His poetry has been translated into thirty languages and published in collections and anthologies in the United States, Latin America, Europe, and Asia. For his poetry book *Relocated Stone* (2007) he received the Hubert Burda Prize for authors born in East Europe (the jury was chaired by Peter Handke and Michael Krüger), and the most prestigious Macedonian poetry prize, the Miladinov Brothers Award at Struga Poetry Evenings. For the book *Locked in the City* (1999) he was given the Studentski Zbor Award for the best debut, while for the collection of poems *Somewhere Nowhere* (1999) the Aco Karamanov Prize. Based on his poetry, two short films were shot in Bulgaria and Croatia. The contemporary jazz composer and collaborator of Björk and Lou Reed, Oliver Lake, has composed music based on Madzirov's poems which was performed at the Jazz-Poetry Concert in Pittsburgh in 2008. Nikola Madzirov has participated at many international literary festivals and events in the United States, Latin America, Asia, and Europe and has received several international awards and fellowships: from the International Writing Program (IWP) at the University of Iowa, Literarisches Tandem in Berlin, KulturKontakt in Vienna, the Internationales Haus der Autoren in Graz, the Literatur Haus NÖ in Krems, and Villa Waldberta in Munich. He is one of the coordinators of the world poetry network *lyrikline.org*.

ABOUT THE TRANSLATORS

Peggy Reid, M.A. (Cantab), *Doctor honoris causa*, Skopje, M.B.E., born Bath, U.K., 1939, taught English at Ss. Cyril and Methodius University, Skopje, Macedonia, for twenty years between 1969 and 2006. Translator/co-translator from Macedonian of novels, poetry, plays and works of nonfiction. Lives in Canterbury, U.K.

Graham W. Reid, M.A., M.B.E. born Edinburgh, 1938. Read English at Trinity College, Cambridge. Taught English for twenty-five years at Ss. Cyril & Methodius University, Skopje, Macedonia. Widely translated both poetry and prose from Macedonian into English. M.A. thesis at Bradford University on *Reflections of Rural-Urban Migration in Contemporary Macedonian Poetry*. Currently lives in Canterbury, Kent, U.K.

Magdalena Horvat (born 1978, Skopje, Macedonia) is the author of two poetry collections: *This is it, your* (2006) and *Bluish and other poems* (2010). Among the books she has translated into Macedonian are Sylvia Plath's *The Bell Jar* and Fiona Sampson's *The Distance Between Us*. She currently lives in Athens, Georgia.

Adam Reed (born 1978, Athens, Georgia) has co-translated/edited several poetry collections, anthologies and works of nonfiction from Macedonian into English. He taught English, Writing and History courses at University American College Skopje, Macedonia, for several years. He currently lives in Athens, Georgia.

The Lannan Translations Selection Series

For more on the Lannan Translations Selection Series
visit our Web site:
www.boaeditions.org

⊹⊱◉═⊰⊹